Basilika
Sagrada Família

Alle Rechte für die vollständige und partielle Wiedergabe bleiben vorbehalten.

Texte: Jordi Bonet i Armengol

Umschlaggestaltung: Sergi Gómez
Layout: Eduard Busquets
Fotos: Archiv der Sagrada Família
Fotos Außenbereich: E.Busquets, C. Socias, J.C. Castañeda, J. Peiró, S. Gómez
Dank an: Junta de Obras del Templo de la Sagrada Família
Übersetzung: Susanne Pospiech
Architektonisches Werk © Junta Constructora del Temple de la Sagrada Familia
Archivmaterial © Junta Constructora del Temple de la Sagrada Familia

Überprüfte Ausgabe 2018
Hinterlegung der Pflichtexemplare: B-11.2

© C.I.F. A08187056

GEOCOLO

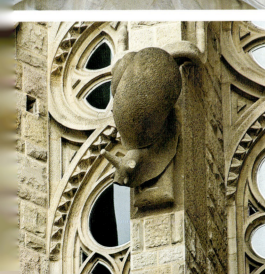

Historisches Umfeld

Die Existenz der Sühnekirche Sagrada Família ist seit ihrer Entstehung besonderen Gegebenheiten und Umständen zu verdanken – nicht zuletzt der außerordentlichen Tatkraft, die der Architekt Antoni Gaudí i Cornet für den Bau der Kirche, dem er über 40 Jahre seines Lebens widmete, aufbrachte.

Der katholische Glaube, der bereits im 10. Jahrhundert – in der Geburtsstunde der kata-

Erstes Projekt des Architekten Francesc de Paula Villar.

Gaudí beim Lesen des Gedichts „Canigo".

lanischen Nation – präsent war, spielte zum Teil auch tausend Jahre später die Hauptrolle in der Bewegung „Renaixença" (Wiedergeburt), mit der Arbeiter, Bauern und Intellektuelle, darunter der aus einem ländlichen Elternhaus stammende Priester und Dichter Jacint Verdaguer, der eigenen Sprache ihre Würde zurückgaben.

Das Wachstum der Stadt Barcelona im Zuge der industriellen Revolution und des aufstrebenden Bürgertums ließ eine mächtige Hauptstadt entstehen, in der neben Handel und Wirtschaft auch die schönen Künste aufblühten. 1 h
Katalonien öffnete sich erneut der Welt und beteiligte sich mit seinem charakteristischen Engagement am Weltgeschehen.

In diesen für die Weltkirche schwierigen Zeiten schaffte es der Buchhändler aus Barcelona Josep M. Bocabella, die „Vereinigung der Anbeter des Hl. Josef" zu gründen, um den Heiligen Stuhl spirituell und mit Spenden zu unterstützen. Außerdem wollte er ein riesiges Gotteshaus bauen, das der Heiligen Familie gewidmet sein sollte; es sollte von Gärten umgeben sein, in denen die Bürger nicht nur ihre wohlverdiente Erholung finden würden, sondern auch Lehre, Erziehung und spirituelle Andacht.

Die Huldigung der Sagrada Família ist nicht zuletzt Sant Josep Manyanet zu verdanken.

Sant Josep Manyanet.

Der Gründer Josep M. Bocabella.

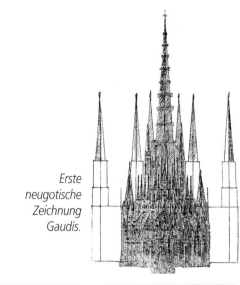

Erste neugotische Zeichnung Gaudís.

Bauzustand, als Gaudí das Werk in Auftrag gab.

Gründung und Grundsteinlegung

Am 19. März 1882, dem Jahrestag des Hl. Josef, wurde der erste, vom Bischof von Barcelona Josep Maria Urquinaona i Bidot geweihte Stein gelegt. Anwesend waren der gewählte Bischof aus Vic, Dr. Josep Morgades, und andere Geistliche, aber auch Obrigkeiten sowie die Vertreter der „Vereinigung der Verehrer des Hl. Josef", Josep Maria Bocabella und Manuel de Dalmases. Aber auch eine große Zahl von Frommen begleitete die Grundsteinlegung einer gewaltigen Sühnekirche zur höchsten Ehre und zum höchsten Ruhm der Heiligen Familie, um „die schlafenden Herzen aus ihrem Gleichmut zu erwecken, den Glauben zu stärken, der christlichen Nächstenliebe Wärme zu verleihen, dazu beizutragen, dass der Herr sich des Landes erbarme und damit dieses, ermutigt durch seine katholischen Wurzeln, glaubt, predigt und die Tugenden praktiziert."

Als mit dem Errichten der Krypta-Wände begonnen wurde, trat der Architekt, der den Bauplan entworfen hatte, aufgrund von Meinungsverschiedenheiten mit der Josefs-Vereinigung zurück. Im November 1883 übernahm ein neuer, vielversprechender Architekt die Bauarbeiten: Antoni Gaudí i Cornet.

Gaudí, Architekt der Kirche

Der am 26. Juni 1852 geborene Antoni Gaudí wurde in der Kirche Sant Pere von Reus getauft, der damals zweitwichtigsten Stadt Kataloniens. Die Eltern des zukünftigen Architekten waren Kupferschmiede, die große Opfer aufbrachten, um ihrem Sohn die Ausbildung zu ermöglichen. Die Menschen in Reus lebten von den unterschiedlichsten Tätigkeiten. Die Stadt bewegte sich mit den Wogen des Fortschritts und brachte in wenigen Jahren berühmte Persönlichkeiten hervor, wie den General Joan Prim, der später Präsident der spanischen Regierung wurde, sowie den Künstler und Maler Marià Fortuny, der im zweiten Drittel des 19. Jh. in Europa sehr bekannt war.

Nachdem Gaudí im Jahre 1878 das Diplom der Architektenschule von Barcelona erhalten hatte, tat er sich bald unter seinen Kollegen hervor, und zwar durch Projekte, die ihm das Vertrauen seines Freundes und Mäzens Eusebi Güell i Bacigalupi und des bekannten Architekten Joan Martorell einbrachten. Martorell war es, der Gaudí an die Kirche der Sagrada Família heranführte. Gaudí war außerdem mit dem Dichter Joan Maragall befreundet, der ein großer Befürworter des Gotteshauses war.

Antoni Gaudí Cornet.

Atelier des Architekten, Ausstellung der Modelle, Gaudís Originalzeichnung der Kirchenfassade und Figuren im Lagerhaus.

Beschreibung

Ursprüngliche Idee

„In der Sagrada Família ist alles von der göttlichen Vorsehung bestimmt." (Gaudí).

Eine bedeutende Geldspende, die kurz nach Öffnung der Krypta (1892) einging, trieb den Aufbau der Kirche voran und so konnte Gaudí in ihr seine Kreativität entfalten. Das ursprüngliche Bauprojekt mit einer pyramidenförmigen Raumgestaltung wurde später verändert und man plante stattdessen 18 Glockentürme bzw. Kuppelgewölbe, von denen heute acht – die der Geburtsfassade und der Passionsfassade – fertiggestellt sind.

Die Kirche hat den Grundriss einer Basilika in Form eines lateinischen Kreuzes, fünf Schiffe und ein dreischiffiges Querhaus. Innen erreicht sie 90 m Länge und 60 m Breite; das Hauptschiff misst 15 m und die Apsis wird von sieben Kapellen und zwei Wendeltreppen begrenzt. Hinter dem Presbyterium liegt der Chorumgang. Ein Kreuzgang umgibt das Gebäude und verbindet die drei großen Fassaden miteinander, die als Eingang dienen: im Osten die Geburtsfassade, im Westen die Passionsfassade und im Süden die Glorienfassade. Zu beiden Seiten der Apsis werden in der Zukunft zwei Gebäude – die Sakristeien – die Verwaltung und Instandhaltung beherbergen. Ein 170 m hohes Kuppelgewölbe, das Jesus Christus darstellt, erhebt sich über dem zentralen Teil des Querhauses, flankiert von

Gesamtansicht der Kirche. Zeichnung von Gaudí (1902).

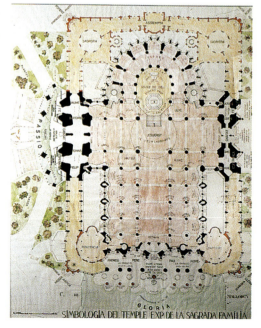

Grundriss der Basilika mit Symbolismen und Widmungen.

Grundsteinlegung.

Die Sagrada Família um 1897.

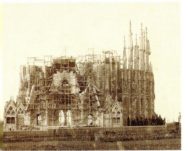
1898

Weihnachten 1904.

1908

1910 mit den Schulen.

1913

1925

1926

1928

1930

1936 (zerstörtes Gebäude).

1963

1972

1983

1993

Das Presbyterium mit Christus im Zentrum.

vier anderen Kuppeln, die die Evangelisten darstellen; die Apsis wird von einer der hl. Jungfrau gewidmeten Kuppel bedeckt.

Über den Seitenschiffen und der Stirnseite gibt es einige Stufenreihen, die zusammen mit denen der Apsis für den 1200 Sänger umfassenden Chor bestimmt sind, zu dem sich der Gesang der Gläubigen gesellen wird. Insgesamt wird damit eine Aufnahmekapazität von 10.000 Personen erreicht.

Ein großer Innenraum von 900 m² mit vier Mittelsäulen nimmt das Zentrum des Querhauses ein, das eine Höhe von 60 m erreicht. Die Apsis wird von einem riesigen, 75 m hohen Hyperboloid geschlossen, die von der Figur des göttlichen Schöpfers beherrscht wird. Die Portale sind durch große Säulenhallen erweitert, die die Skulpturen der Geburts-, der Passions- und der Glorienfassade darbieten, die jeweils von vier Glockentürmen, die die 12 Apostel darstellen, gekrönt werden. Jede Säule ist entweder einem Apostel gewidmet oder den Diözesen Kataloniens, Spaniens und der fünf Kontinente; diese

Die Geburtsfassade.

Die Apsis der Basilika mit ihrem 75 m hohen Gewölbe über dem Presbyterium. >

< *Nachtansicht der Türme der Passionsfassade.*

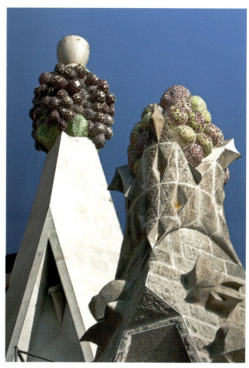

sind jeweils durch denjenigen Heiligen, durch den sie Ruhm erlangt haben, vertreten. Sie symbolisieren die Universalität der Kirche vom Orient bis zum Okzident, so wie es einst der erste Bischof von Tarragona, San Fructuoso, während seines Martyriums in seinem Gebet erwähnte.
Gaudí wusste, dass der Bau des Tempels Jahrhunderte dauern würde und machte deshalb den Vorschlag (der von der Josefsvereinigung akzeptiert wurde), eine Fassade – die Geburtsfassade – zu errichten, um der damaligen Generation zu zeigen, welche Schönheit das Bauwerk einmal haben würde; auch sollte sie als Anregung für den Weiterbau dienen.

Fensterabschlüsse.

Fenster des Kreuzgangs.

Turmspitzen der Glockentürme.

Eine neue Architektur

Gaudí war ein großer Beobachter der Natur. Er wusste um die Bedeutung der Formen und Gesetze der Natur und war der Meinung, sie sollten auch in der Architektur zur Geltung kommen. Bei diesen Formen handelt es sich oftmals um Regelflächen, also zweiseitig gekrümmte Flächen, wodurch sie eine große Widerstandskraft erhalten. Sie werden aus Geraden generiert und formen das hyperbolische Paraboloid, das Hyperboloid, das Konoid und das Helikoid. In der

Innenansicht der Basilika der Sagrada Família.

*Gipsmodell der Kirchenschiffe.
(Skala 1:10).*

Licht spielt eine bedeutende Rolle in der Architektur Gaudís.

Schnittpunkte der direkten und umgekehrten Hyperboloide, die die Gewölbe bilden.

Natur gibt es gewöhnlich keine Diskontinuität: Eine Fläche geht sanft in eine andere über. Die Stützelemente – die Säulen – und die gestützten Elemente – die Oberschwellen – liefern Kontinuität durch die Kapitelle, die oftmals mit Pflanzenornamenten wie Bärenklau-Blättern oder geometrischen Formen verziert sind. Gaudí setzte die Stäbe nicht vertikal ein, sondern geneigt. Warum sollte er dann nicht auch geneigte Säulen verwenden? Außerdem berücksichtigte er die grundlegende Funktion eines Skeletts. Er war ein großer Rationalist, d.h. er tat nichts ohne eine begründete Erklärung. Ein Knochen ist ein Zylinder, der sich an seinen Enden – den Artikulationen – in Hyperboloide verwandelt. Mit diesem Gedanken wollte er eine lebendige Architektur mit den klaren Merkmalen des Lebens schaffen,

Die Lichtquellen sind in die Säulengänge integriert.

Die Colonia Güell.

Baumförmige Säulen in der Sagrada Família.

< *Bank und Säulengang im Park Güell.*

mit Farbe und mit Bewegung. Die Sitzbank im Park Güell ist ein gutes Beispiel dafür, denn hier sind Farbe und Bewegung in Form eines neudorischen Simses verwirklicht.

Eine Architektur, die eine Synthese von Form und Struktur ist und sich durch die Geometrie ausdrückt.

Über Jahre hinweg arbeitete Gaudí an dieser Idee an allen seinen Werken mit der Absicht, in der Sagrada Família das optimale Resultat seiner Forschungen zu verwirklichen. Die Bitte seines Freunds und Gönners Eusebi Güell, die Kapelle dessen Arbeitersiedlung von Santa Coloma de Cervelló zu gestalten, diente Gaudí als Forschungslabor, in dem er diese Ideen weiterentwickelte; er benötigte zehn Jahre, um ein brauchbares Projekt vorzustellen. Es enthielt u.a. die Berechnung der Struktur für das später als „Krypta" bezeichnete untere Kirchenschiff und die Planung zur Verwendung von linierten Flächen anhand der Technologie des Rundgewölbes „Volta catalana" (katalanisches Gewölbe), das eine lange mediterrane Tradition besitzt und in Katalonien ganz besonders häufig anzutreffen ist.

Nachts leuchtet das innere Licht der Basilika durch die verbleiten Fenster nach außen.

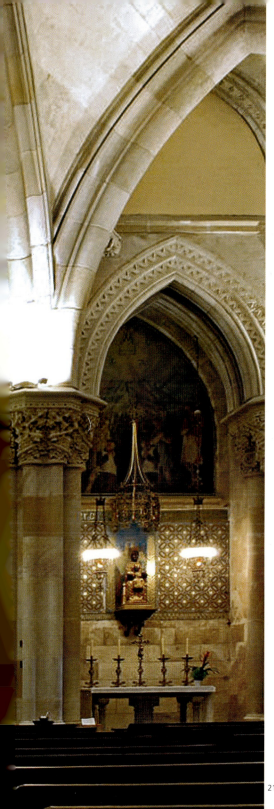

Die Krypta

Gaudí wurde beauftragt, das von dem Architekten Villar begonnene Projekt weiterzuführen. Er behielt den bereits begonnenen Grundriss bei, veränderte jedoch die Lage der Zugangstreppen und errichtete das sie bedeckende Gewölbe mit einer wunderschönen Darstellung von Mariä Verkündigung im Schlussstein, damit die Kirchenfenster den Raum oberhalb des Chorumgangs, der die Krypta umgibt und sie von den Kapellen trennt, erleuchten. Außerdem umgab er die Krypta mit einem breiten Graben, um sie vor Feuchtigkeit zu schützen und ihre Beleuchtung zu verbessern.

Die Kapellen sind den Mitgliedern der Heiligen Familie von Jesus geweiht. In der Mitte, der Hl. Josef und zu beiden Seiten, das Heilige Herz und die Unbefleckte Empfängnis. 1885 wurde der Josefsaltar eingeweiht.

Das Leben der Pfarrgemeinde spielt sich in der Krypta ab. Der Hauptaltar nimmt den zentralen Raum ein, der dem Querhaus am nächsten liegt. Auf einer Seite befindet sich das Allerheiligste Sakrament und auf der anderen wird das Bildnis der Muttergottes von Montserrat verehrt. Ein Mosaik mit Darstellungen des Weinberges und des Weizens nimmt das Zentrum der Krypta ein. In den Kapellen, die den Chorumgang umschließen, befinden sich die Grabstätte der Familie Bocabella i Dalmases unter dem Christus und die des Architekten Gaudí unter der Muttergottes Carme.

Mittelschiff der Krypta.

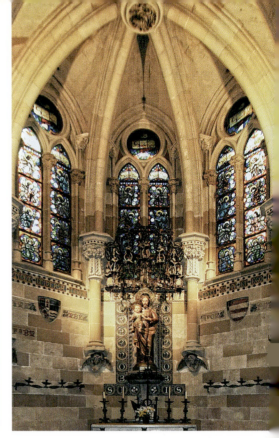

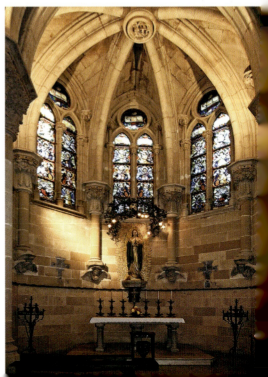

Schlussstein mit der Darstellung von Mariä Verkündigung.

< Presbyterium und die Kapellen St. Josef, Carme (mit dem Grab Gaudís) und Inmaculada (die Unbefleckte).

Gaudí entwarf und fertigte mit eigenen Händen liturgische Objekte der Krypta an. Die Kanzel und der Leuchter der Osteraltarkerze.

Trotz der Zerstörung im Jahr 1936 wurde die Krypta mitsamt den Kirchenfenstern, dem Mobiliar und allen liturgischen Elementen, die Gaudí entworfen hatte, wiederhergestellt.

Die Apsis

Die zwischen 1891 und 1895 gebaute Apsis ist neugotisch, obwohl sie auch zahlreiche Elemente aufweist, die der Handschrift Gaudís entstammen. Die Apsis wird aus sieben vieleckigen Kapellen gebildet, die den Freuden und Leiden des Hl. Josefs gewidmet sind. In ihrer Krönung sind die mit «O» beginnenden Antiphone des Advents herausragend. Die Fenster sind ein Werk des Künstlers Joan Vila Grau.

Die Anordnung der Fenster, der Kontrast von Licht und Schatten zwischen den Kapellen und ganz besonders die Wasserspeier und Giebelspitzen sind der heimischen Flora und Fauna der Kirchenumgebung entlehnt: Eidechsen, See- und Landschnecken, Salamander, Frösche und Kaulquappen. Die vergrößerten Pflanzenähren bilden eine außergewöhnliche, auf die Natur bezogene Bildersprache im Dienste der Architektur. Auf den Pfeilern zwischen den Kapellen sind zwischen dem Sockel und der Kuppel Figuren der heiligen Ordensgründer zu sehen.

Die zentrale Kapelle und der Chorumgang dienen heute Gottesdiensten und Gebeten. Der mittlere Teil liegt ca. zwei Meter erhöht und nimmt das Presbyterium ein, das eine Aufnahmekapazität von dreihundert Geistlichen hat.

Der Hauptaltar liegt zwischen den beiden Säu-

Schlangen, Schnecken und Echsen gehören zur Dekoration an Wasserspeiern und den Kapellen der Apsis.

Das Gewölbe, das die Apsis bedeckt, ist ein großes Hyperboloid.

len, die den Aposteln Petrus und Paul gewidmet sind. Er ist ein großer Porphyrblock, der mit einem siebeneckigen, fünf Meter großen Baldachin bedeckt ist, auf dem die sieben Gaben des Heiligen Geistes zu sehen sind. Gemäß der Beschreibung Gaudís hängen dort 50 Öllampen und es gibt Weizenähren und eucharistische Trauben. Die Jesusfigur, die Gaudí dem Bildhauer Mani in Auftrag gab, befindet sich in der Mitte und ist mit einem weißen Wandteppich bedeckt, der den Gottvater symbolisiert.

Presbyterium mit Altar, Ambon und Bischofssitz aus Porphyr.

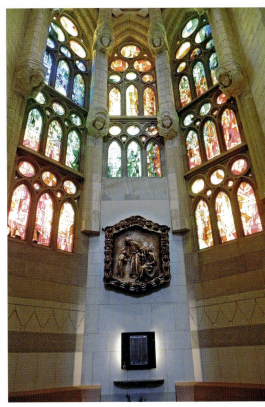

Priestersitz, Sitzreihen und Orgel vor der Fensterfront.

Ein Chorgestühl ist rund um den Raum angeordnet, in dem der Bischofssitz untergebracht ist und hinter der Apsis ragen die symmetrisch angeordneten Orgelpfeifen heraus.

Der bis zu 75 m hohe obere Raum wird von einem 18 m starken Hyperboloid gebildet. Der mit der Technik des katalanischen Gewölbes konstruierte Körper besticht durch das Blau seiner Kacheldekoration aus venezianischem Glas mit einem großen, goldenen Abbild im Zentrum, das Gott den Schöpfer symbolisiert und das aufgrund seiner Geometrie vom Hauptportal aus sichtbar ist.

„Die Innenseite des Kuppelgewölbes unserer Heiligen Muttergottes ... das bereits beim Eintreten in das Gotteshaus sichtbar ist, ... der Ewige Vater mit seinem Gewand, ... die Vision des Propheten besagt, dass Gottes Gewand das ganze Himmelsgewölbe bedecken und die ganze Kuppel einnehmen wird." (Text aus dem Album von 1925).

Ein Kuppelbau, der in Zukunft eine leuchtende Krone aus zwölf Sternen besitzen wird, wird sich 120 Meter hoch erheben und das heute bereits fertige innere Gewölbe umgeben.

Kragsteine, Säulen und Lichtspiel im Innenraum.

Portal del Roser (1899). >

Der Kreuzgang

Die Anordnung des die Kirche umgebenden Kreuzgangs unterscheidet sich sehr von der, den normalerweise Basiliken, Klöster oder Kathedralen haben. Er dient als Verbindung zwischen Portalen, Kapellen und Sakristeien und da er rund um die Kirche angelegt ist, erlaubt er den Durchzug von Prozessionen und schirmt sie gleichzeitig vom Lärm der Außenwelt ab. Da er auf der Ebene des Erdgeschoßes der Kirche liegt, besitzt er im unteren Bereich Räume, die man als Werkstätten, Betriebs- oder Lagerräume benutzen könnte.

Zuerst baute Gaudí die ersten zwei Abschnitte auf beiden Seiten der Geburtsfassade, indem er in dem unregelmäßigen Verbindungsstück zwischen den Glockentürmen Portale anordnete, die der Rosenkranzmadonna und der Muttergottes von Montserrat geweiht sind und die Laternen mit konischer Verkleidung bedecken, durch die das Licht einfällt.

Um ein Beispiel dessen zu geben, was realisierbar war, wollte Gaudí mit außerordentlicher Feinheit den Abschnitt, der sich auf die Rosenkranzmadonna bezog, fertigstellen. Es handelt sich um eine Filigranarbeit, die an eine Klöppelstickerei und eine Korbflechterei erinnert, verziert mit Rosenstöcken und Rosenkränzen. Die Rosenkranzmadonna mit dem Kind beherrscht die Archivol-

Dekorationen der Wände und Kragsteine und Figuren am Schlussstein.

te des Portals, zusammen mit dem Hl. Dominikus und Katharina von Siena. Auf beiden Seiten des Portals befinden sich Patriarchen, Könige und die Propheten Isaac, Jakob, David und Salomon. An den Kragsteinen der Gewölbestufenkanten sieht man die Darstellungen des Todes des Gerechten sowie die Versuchungen von Mann und Frau. Der Schriftzug „Ave Maria" lädt zum Engelsgruß ein und die Worte „Et in hora mortis nostrae, Amen" begleiten Jesus, Josef und Ma-

Versuchung der Frau.

Engelsfiguren.

ria und spenden Trost für die Sterbenden. Die Versuchungen werden dadurch ausgedrückt, dass der Teufel dem Terroristen eine Bombe in die Hände legt sowie mit einer Tasche, mit der die Frau zur Unzucht verleitet wird.

Die beiden Seiten der Passionsfassade, die die Muttergottes der Merced und die Muttergottes der Schmerzen huldigen, sind fast fertiggestellt und sollen in Zukunft mit weiteren Skulpturen geschmückt werden.

Versuchung des Mannes.

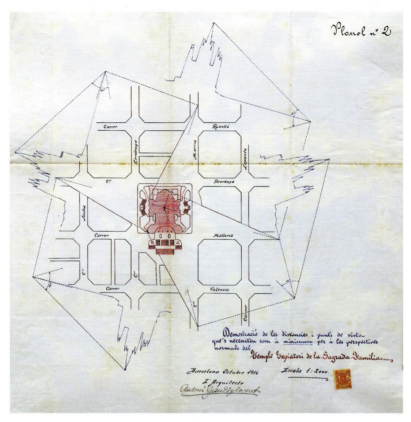

Umgebung des Gotteshauses mit seinem Umriss und dem sternenförmigen Platz, den Gaudí entwarf.

Geburtsfassade. >

Die Fassaden

Gaudí begann mit dem Bau der Geburtsfassade, weil er sie seiner eigenen Generation präsentieren wollte. Da er wusste, dass sich die Bauzeit in die Länge ziehen würde, sah er die fertige Geburtsfassade als Ziel an, damit später auf der Grundlage von diesen bereits fertigen Teilen weitergebaut werden könnte.

Die Ost- und die Westfassade haben beide jeweils drei Portale, die die christlichen Tugenden symbolisieren: Glaube, Hoffnung und Nächstenliebe und die vier Glockentürme stellen im oberen Teil die Apostel dar. Dort steht „Sanctus, Sanctus, Sanctus" und „Hosanna Excelsis" geschrieben, denn Gaudí wollte, dass die Frommen beim Lesen dieser Worte den Herrn preisen.

Die Geburtsfassade

Am mittleren Hauptbogen sind unter dem Stern von Bethlehem Jesus, Maria und Josef zwischen Ochs und Esel und von singenden Engeln umgeben dargestellt. Zu beiden Seiten werden die Hirten und die Hl. Drei Könige verehrt. Weiter oben gibt es Engel, die Trompeten blasen, um die Geburt, die Verkündigung und die Krönung

Vermählung von Josef und Maria.   *Krönung Marias.*   *Präsentation von Jesus im Tempel.*

Engel.

Marias anzukündigen. Oben symbolisiert eine abschließende Zypresse, die Vögeln als Zuflucht dient, die Kirche mit einer riesigen Fiale; sie wird beherrscht von einem „Tau", dem griechischen Anfangsbuchstaben des Namen Gottes. Auf der Südseite sind am Portal der Hoffnung die Verlobung von Josef und Maria, die Flucht nach Ägypten, der Kindermord von Bethlehem, das vom Hl. Josef gelenkte Kirchenschiff und an der Fiale ein Felsen von Montserrat mit der Inschrift „Salveu-nos" (Rette uns) dargestellt. Auf der anderen Seite stellt das Portal des Glaubens Marias Heimsuchung, Jesus unter den Gelehrten, die Präsentation im Tempel und Jesus als Handwerker in seiner Tischlerwerkstatt dar. An den Giebeln sind Ähren und Trauben mit dem Marienbild der Unbefleckten Empfängnis zu sehen.

< Die Geburt Jesu und seine Ahnen auf einer Säule.

Die Passionsfassade

Die Themen Betrübnis, Schmerz, Opfer und Tod sind die Gegenpole an der Westfassade. Sie wird vom Tod des Gerechten beherrscht und verkündet am höchsten Punkt die Auferstehung und Himmelfahrt von Jesus Christus. Gaudí entwarf sie ab 1911, als er in Puigcerdà das Krankenbett hüten musste und Zeit hatte, dieses Portal zu planen: „Ich bin bereit, den Bau selbst zu opfern, Gewölbe zu zerbrechen, Säulen abzuschneiden, um eine Idee davon zu geben, wie grausam das Leiden ist."

Der Bildhauer Josep M. Subirachs hat rund hundert Skulpturen ausgeführt, die die ganze Leidensgeschichte darstellen; er begann mit der Christusfigur an der Mittelsäule des Hauptportals. Neben der einsamen Figur des gekreuzigten

Passionsfassade.

Jesus am Kreuz. *Säule der Geißelung.*

Jesus sind auf der einen Seite Judas' Verrat und auf der anderen Petrus' Leugnung dargestellt.
Weiter oben gibt es eine Repräsentation des Leidenswegs, in der Jesus nach der Verurteilung durch Pilatus das Kreuz trägt. Die Figur der Veronika beherrscht die Szene, indem sie das Bild des „Schmerzensmannes" im Negativ zeigt, eingehüllt im Mysterium. Maria, Johannes, die heiligen Frauen, Soldaten und das Volk...: Figuren, die sich einfügen bis zur Szene der Grablegung. Zwischen den Glockentürmen ist das Bildnis des auferstandenen Jesus in seiner Himmelfahrt zu sehen; damit wird die Repräsentation des Lebens Christi als Mensch in der katechetischen Vision des Mysteriums unserer Erlösung enden.
Der Bau des großen Kuppelgewölbes mit der Frontseite, die Gaudí mit den 18 geradlinigen Säulen in einer Kombination aus hyperbolischen Paraboloiden projiziert hatte, wird schließlich durchgeführt. Es ist das Ergebnis einer langen Forschungsarbeit, bei der man es mithilfe moderner Informatik geschafft hat, diese Formen, die ähnlich, aber doch unterschiedlich sind, direkt zu schneiden. Subirachs schuf die Figuren von Judas' Löwen und Isaacs Ring; sie werden wie Akroterien an den Extremen dieser Fassade abgebildet sein. Im Innern sind die Namen der Patriarchen und Propheten verewigt und zwischen den Glockentürmen und der Fassade wird es gemäß Gaudís Wunsch ein leeres Grab geben.
Im Innern des Tempels wirkt das Fenster der Wiederauferstehung wie ein Lichtschimmer; das von Joan Vila Grau geschaffene Werk stellt den Wiederauferstandenen dar.

Der Kuss Judas.

Die Himmelfahrt, eine goldene Bronzefigur.

Pilates wäscht sich die Hände.

Leidensweg und Jesus Tod am Kreuz.

Der Schleier der Veronika.

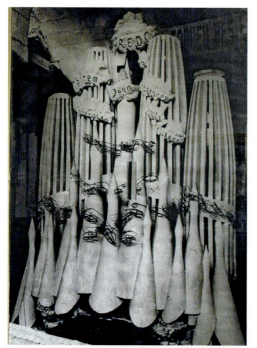

Originalmodell der Volumenstudie für die Glorienfassade und modernes Gipsmodell.

Die Glorienfassade

Von dieser zum Meer gerichteten Hauptfassade hinterließ Gaudí eine Volumen- und Strukturstudie sowie den ikonographischen und symbolischen Entwurf. Eine riesige Vorhalle bildet den Eingang zu den sieben Portalen und wird von vier Glockentürmen gekrönt, die jeweils von der Sakramentskapelle und der Taufkapelle flankiert werden. Insgesamt gibt es 11 Türen, durch die man die Kapellen direkt oder durch den Kreuzgang betreten kann, um von dort ins Innere der Kirche zu gelangen.

Das Hauptportal besteht aus drei Türen. Die Vorhalle wird von den Stützgewölben der Glockentürme, Hyperboloiden, und von 16 Laternen bedeckt. Es handelt sich um asymmetrische Hyperboloiden mit abschließenden Kegeln. Das Ganze wird von einem grandiosen Tympanon gebildet – mit den aufstrebenden Hyperboloiden, in denen sich Gaudí die ikonographische Darstellung der Glorie vorstellte.

Steinerne Wolken tragen eingemeißelt das schriftliche Symbol des Glaubens, das „Credo". Der Eingang, auf gleicher Höhe wie die ganze Kirche, liegt so hoch über der Straße Mallorca,

Hauptportal der Glorienfassade.

dass diese unterhalb verläuft; so öffnet sich die Vorhalle zu einer großen offenen Fläche. Seitlich davon stellte sich Gaudí einen Springbrunnen, aus dem das Wasser 20 m hoch sprießen sollte, und eine riesige Fackelhalterung mit Flammen vor: reinigende Wasser und Feuer. Bildlich wird der Mensch in der Schöpfungsordnung dargestellt, sein Ursprung und sein Ende und sein Weg dorthin. „Seit Adam und Eva kann der Mensch mit Arbeit und Tugend die Seligkeit erlangen, die uns Jesus Christus mit der Erlösung dank seiner Gnade eröffnet hat". Hier finden wir auch die Glückseligkeiten, die Tugenden und die Todsünden. Unter den Gewölben ist die Hölle und weiter oben das Fegefeuer dargestellt und über jeder der sieben Eingangstüren, die die Sakramente darstellen, gibt es ein Bittgebet des Vaterunsers.

In der Mitte der Fassade ist der Hl. Josef bei der Arbeit mit den Tributen der Handwerksberufe abgebildet. Weiter oben beherrscht Maria die Heiligen als Königin und darüber Jesus Christus mit den Attributen der Passion sowie die sieben Engel mit Trompeten, die zum Jüngsten Gericht rufen. Alle Engelhierarchien umgeben den Ewigen Vater und in der großen Mittelrosette vervollständigt der Heilige Geist das Bild der Dreifaltigkeit.

Subirachs hat die Türen des Hauptportals mit bronzenen Lettern des Vaterunsers und dem Satz „Unser täglich Brot gib uns heute" in 50 Sprachen versehen.

Ausschnitt.

Die Schiffe

Völlig neue Formen bilden die Schiffe der Kirche mit geometrischen Lösungen und ungewöhnlichen Strukturen. Sie sind das Ergebnis von jahrelangen Studien und Überlegungen. Um 1910 begann Gaudí mit dem Entwurf der Schiffe, wobei er die in der Kapelle der Colonia Güell gemachten Erfahrungen einbrachte. Eine Lösung mit leicht schraubenförmigen Säulen, Bögen und Gewölben und hyperbolischen Paraboloiden wurde 1917 publiziert. Die Entdeckung der Lichtfülle der Hyperboloiden veranlasste ihn schließlich, sie im Schiff anzuwenden, in einer Verstrebung von konkav-konvexen Kuppeln, die Säulen innerhalb von Mauern und Fenstern verbinden. Diese Formen, in Modellen im Maßstab 1:10 verwirklicht, bilden die Vision des Waldes, die ihm so oft als Bild diente, um seinen Entwurf zu erklären. Diese Säulen, Gewölbe, Kirchenfenster und Dächer sind das Resultat, das Gaudí für endgültig erklärte und das von seinem Gehilfen, dem Architekten Sugrañes, 1923 in generellen und strukturellen Zügen der Architektenvereinigung Kataloniens vorgestellt wurde. In den letzten Jahren ist aus dem im Maßstab 1:10 von Gaudí entworfenen Modell Wirklichkeit geworden. In ihm erreicht er die Kontinuität der Formen, so wie es die Natur vorgibt.

Säulen, Gewölbe und Fenster bilden einen Lichterwald.

Die Säulen

Die von Gaudí erdachte Lösung dieser neuen Form der leicht geneigten vertikalen Stütze, „um der Druckkurve zu folgen, die das Gewicht der Decke trägt", stellt für sich allein bereits einen außergewöhnlich plastischen Beitrag dar. Von den Schnittpunkten zweier Schneckenlinien gehen Rippen aus, die in den konkaven Teilen des sternförmigen Vielecks der Basis beginnen und sich durch Windungen nach oben hin vervielfältigen. Die erste Windung erfolgt auf einer Höhe von Metern, die mit der Seitenzahl des vieleckigen Sockels übereinstimmt. Die zweite Windung beginnt auf einer Höhe, die die gleiche Meterzahl aufweist wie die Hälfte der Zahl der Seiten des Vielecks, woraus das Doppelte an neuen Rippen entsteht. Die dritte Windung, auf einer Höhe des vierten Teils desselben Vielecks, vervierfacht die Rippen. Auf diese Weise haben sich die Rippen auf der doppelten Höhe an Metern der Seitenzahl des Sockels vervielfacht und das Vieleck verwandelt sich in eine Kreislinie.

Diese Säule Gaudís ist außergewöhnlich und einfach zugleich. Sie erzeugt Rippen, die aus den tiefsten Teilen jedes Streifens herausfließen und mit zunehmender Höhe feiner und zahlreicher werden. Aufwärts hat sie sowohl die Leichtigkeit des schraubenförmigen Wachstums als auch die Schwere der dorischen Säule.

Es handelt sich um eine überraschende Art von Säule, völlig neu und von außergewöhnlicher Schönheit. Es darf uns nicht verwundern, dass Gaudí sie überall und mit verschiedenen Vielecken anwenden würde. Die erste ging vom

Baumförmige Säulen.

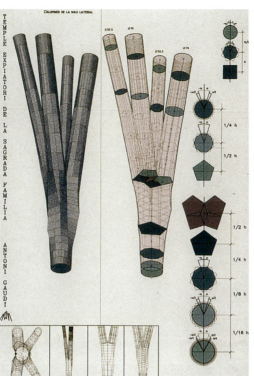

Computerstudien der baumförmigen Säulen, für die einheimische Bäume als Vorlage dienen.

sternförmigen Achteck aus. Im Gesamtkomplex der Kirchenschiffe erwächst sie aus dem Sechseck, dem Viereck und dem Fünfeck, dem Rechteck, dem Zehneck und dem Zwölfeck. Gaudí spielte mit ihnen, kehrte sie um, «rautierte» sie und schaffte es, die Formen der Bäume, die er vor seinem Atelier beobachtete, in der Architektur wiederzugeben.

Details der Säulenkapitelle.

Die Gewölbe

Oberhalb der unteren Säulen sind Knoten und Kapitelle die großen Elemente, aus denen neue Säulen erwachsen, die sich wie Zweige bis zum Erreichen der Gewölbe erheben. Ihre Neigung folgt den Drucklinien und dämpft das Licht der Gewölbe. Der Schnittpunkt der Hyperboloiden, aus denen sie gebildet werden, sind massiv oder hohl und verknüpfen sich sternförmig. Sie bilden ein gespanntes und leichtes Ensemble, das im Originalmodell im Maßstab 1:10 betrachtet – auch wenn es nur ein Werk aus Gips war – bereits eine der Ausführungen darstellt, die von

Baumförmige Säulen und Gewölbe.

den Beiträgen Gaudís zur Architektur des 20. Jahrhunderts am höchsten bewertet werden kann.

Diese Gewölbe entwarf er reich an Symbolen und Figuren, mit den Anagrammen von Jesus, Maria und Josef in ihren zentralen Hyperboloiden und Mosaiken.

Im Querhaus füllen drei konzentrische Kreise aus Hyperboloiden, die mit hyperbolischen Paraboloiden verbunden sind, den Raum mit Licht, das auf das goldene venezianische Mosaik fällt.

Die zwölf Hyperboloide repräsentieren die 24 Greise der Apokalypse und in der Mitte, in 66 m Höhe, sind Jesus Christus und ein vier Meter

Links sind der Aufzug und die Treppe im Gewölbe zu sehen.

dicker Kragstein zu sehen. In der Zukunft wird nach den Plänen Gaudís eine große Lampe aufgehängt, die das himmlische Jerusalem mit den zwölf Türmen gemäß der Vision des Hl. Johannes symbolisiert.

Ein 14 m großes Paraboloid verbindet schließlich das Querhaus mit der Apsis; dort sind Engelsfiguren abgebildet, die das Himmelsgewölbe umgeben, welches das Gewand von Gott dem Schöpfer ist. Dieser ist in der Mitte als Hauptfigur der Darstellung von Licht und Dreifaltigkeit zu sehen, so wie es Gaudí entworfen hatte.

< *Gewölbe im Seitenschiff.* *Rosette.*

Die Kirchenfenster

Auf der ganzen Länge des Schiffes und des Querhauses wird die Kirche von leichten Fenstern verschlossen, die das Licht durch geometrische Formen eindringen lassen, die auf der neugotischen Seite in der Geburtsfassade begonnen wurden, um sich dann in gemeißelte Paraboloid-Applikationen, Umdrehungshyperboloiden und Flächen zu verwandeln, die nach den Worten Gaudís „ein Simswerk aufgrund des Lichts, das eindringt und sich in einem Spiel unterschiedlicher Intensität und Farbe ausbreitet, unnötig machen". Außen sind sie mit Früchten jeder Jahreszeit in ihrer natürlichen Auseinanderfolge verziert; sie symbolisieren die Früchtegabe des Heiligen Geistes, den alle Menschen erhalten. An der Mittelsäule im oberen Teil jedes Fensters wird ein Heiliger Gründer angebracht: Ignatius de Loyola, Josep de Calasanç, Vicent de Paul, Felip Neri, Pere Nolasc, Antoni Maria Claret, Joaquina de Vedruna, Joan Bosco, Joana de Lestonac und Josep Manyanet.

Den Abschluss dieser Fenster bilden Körbe voller Früchte jeder Art, die die ausgeführten guten Werke darstellen.

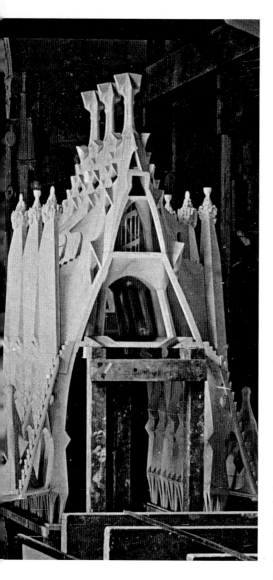

Originalmodell vom Dach des Mittelschiffs.

Die Dächer

Mit ihrer vertikalen Ausrichtung gehören sie, abgesehen von ihrem baulichen Zweck – Schutz gegen Regen und andere Naturgegebenheiten –, zu den außergewöhnlichsten Elementen der Kirche. „Ein gewaltiger Komplex aus sechs Kuppelgewölben gibt der Vierung und dem Altar Licht und drückt die Verherrlichung des Gotteshauses aus", sagte Gaudí, „und besitzt die Lebendigkeit eines kolossalen Gebäudes". Während der letzten Jahre fortdauernder Arbeit in der Kirche hatte er die Strukturstudie beendet, von der wir nur Skizzen kennen, die eine der Sakristeien ähnliche Struktur definieren, allerdings mit verlängerten Proportionen und achteckig geschnittener Grundfläche mit Seiten in konkaven Paraboloiden.

Die zwölf bzw. dreizehn Stockwerke große Höhe wird durch kleine Säulen und ein doppeltes, widerstandsfähiges Gehäuse unter Verwendung von Stein und unverputztem Backstein an der Außenseite getragen. Das Kuppelgewölbe der Jungfrau Maria bedeckt die Apsis, die wegen ihrer Breite wie eine Kuppel aussieht.

Die Dächer des Mittelschiffs werden von Pyramiden gebildet – jeweils eine pro Abschnitt –, die aufeinander und auf die Frontale der Fenster mit ihren großen Paraboloiden abgestimmt sind. Ädikulen mit den Anagrammen der Heiligen Familie tragen Leuchten und bekrönen sie in 70 m Höhe mit den Worten „Halleluja, Amen" über parabolischen Wappen.

Der Raum zwischen Gewölben und Dach ist horizontal in vier Stockwerke unterteilt, die Gruppen von vier kleinen geneigten Säulen tragen, die sich auf den oberen Verzweigungen der Hauptsäulen erheben. Die Seitenschiffe werden von einer schwach geneigten Oberfläche bedeckt, aus der einige schöne pyramidenförmige Laternen herausragen, die den Dachbe-

Oberer Teil des Kreuzgangs neben dem Baptisterium.

Eucharistische Symbole von Wein und Brot.

reich erhellen und das Licht verteilen.
Für die Dachverschalung war Stein vom Montjuïc vorgesehen, der sehr widerstandsfähig gegen atmosphärische Einflüsse ist. Mit strukturellen Stützen – den Stockwerken, Säulchen und Gewölben, welche die Innenansicht bilden – ist in der Kirche immer das Grundprinzip Gaudís anzutreffen: Die trägen Lasten teilen und die aktiven Elemente multiplizieren.
Die geltende Gesetzgebung sah die Verwendung von armiertem Beton für die Struktur vor, aber der Meister bestand darauf, in den Einzelgebäuden doppelte Dächer einzusetzen, wofür Keramik und Stein zum Einsatz kommen sollten, so wie sie bei den Gebäuden Casa Datl-

Dach der Rosenkranzspitze.

ló, Bellesguard und La Pedrera verwendet wurden. So wurde beim Bau der Dächer auf Stahl verzichtet, denn über die Lebensdauer der Stahltechnik gibt es keine sicheren Angaben für einen Zeitraum von über hundert Jahren und sie könnte in der Zukunft schwere Probleme bei der Instandhaltung verursachen.
Eine Kombination von Ziegelsteinbögen in Form von Mauerkronen und katalanischen Gewölben gibt dem Dach aus Steinplatten vom Montjuïc ihren Halt. Der obere Teil des Dachs wird erst gebaut, wenn die höheren Kuppelgewölbe fertiggestellt sind, denn man kann nicht ausschließen, dass die planen Flächen für die höchsten Stellen des Gebäudes erhalten bleiben müssen.

Dach des Kreuzgangs. >

Arbeiten an den Dächern.

< *Gipsmodell der Sakristei.*

Sakristeien und besondere Kapellen

Sie befinden sich jeweils in den Nischen des Tempels und auf der Zentralachse hinter der Apsis. Es handelt sich um wichtige Elemente, die noch nicht gebaut sind, die aber aus dem umlaufenden Kreuzgang hervorstechen werden.

„Das Paraboloid ist der Vater der Geometrie", sagte Gaudí. Mit einer herausragenden Komposition dieser Flächen entwarf er die doppelseitigen Kuppelgebäude im Nord- und Westwinkel des Kreuzgangs, wobei er die Ecken mit Laternen bedeckte, die den Quatembern von Herbst und Advent gewidmet sind. Die gerippten Kuppeln und die großen parabolischen Spindeln der Leibung aus unverputztem Backstein, sind von großer Leichtigkeit und werden mit venezianischem Mosaik, kombiniert mit Giebeln aus Porphyr, verziert.

Gaudí studierte eingehend die Sakristeien, die ihm außerdem als Experiment dienten, um die Jesus Christus und der Jungfrau Maria gewidmeten Kuppelgewölbe zu bauen.

Die Taufkapelle und die Sakramentskapel-

Modell der Kapelle von Mariä Himmelfahrt.

le nehmen die Winkel der Hauptfassade ein. Nur eine Skizze Gaudís zeigt die von zentralen Säulen getragene Struktur und die einhüllende Durchdringung des Kreuzganges. Den Sakristeien außen ähnlich, weisen die Ecken ebenfalls die kleinen Kapellen und Laternen auf, die den Quatembern von Fastenzeit und Pfingsten gewidmet sind.

Glockentürme und Kuppelgewölbe

Am 30. November 1925 war der erste Glockenturm, Barnabas, zu sehen. Gaudí drückte seine Freude aus, als er sah „wie jene Lanze den Himmel mit der Erde verbindet". Er kommentierte: „Die Form der vertikal-parabolischen Türme ist die Verbindung zwischen Schwerkraft und Licht". Es war der Beginn einer „neuen Architektur".

Die anderen drei wurden von dem Architekten Sugrañes, dem Nachfolger und Mitarbeiter des Meisters, vollendet, der die Geburtsfassade fast fertig hinterließ. 12 Glockentürme sind vorgesehen, die sich bis zu einer Höhe von 98 bis 120 m über dem Grundriss der Kirche erheben: die Heiligen Matthias, Judas, Simon und Barnabas in der Geburtsfassade; Jakob, Bartholomäus, Thomas und Philipp in der Passionsfassade, und Andreas, Petrus, Paulus und Jakob in der Glorienfassade. Die Vierung und die Apsis sind mit weiteren sechs Kuppelgewölben gekrönt, die Jesus Christus, den vier Evangelisten und der Jungfrau Maria geweiht sind. Das höchste wird mit dem Kreuz eine Höhe von 170 m erreichen. Tagsüber wird es durch die Mosaike und nachts durch die Scheinwerfer strahlen: Licht, das über die anderen Glockentürme und über die ganze Stadt verteilt wird, als Bedeutung der Worte Jesu „Ich bin das Licht" (Johannes 8, 12).

Gaudí arbeitete lange an den Spitzen der Glockentürme. An dem Modell, das 1910 bei der Ausstellung von Paris gezeigt wurde, war der Entwurf ganz anders: sogenannte „Leuchtzapfen" sollten die Strahlen symbolischen Lichts empfangen und ausstrahlen. Durch fehlende Geldmittel hatte Gaudí mehr Zeit, um die geometrischen Figuren zu komponieren, die Apo-

Turmspitzen.

stel mit den bischöflichen Merkmalen symbolisieren: Ring, Mütze, Stab und Kreuz. Die fast 25 m hohen Endpunkte beginnen mit den Buchstaben, die „Hosanna, Excelsis" ausrufen, die aufsteigend in sechseckiger Ausschalung angeordnet sind, getrennt von Kanälen, die aus Diedern bestehen, welche mit dunklen und grün glasierten Backsteinen verziert sind. Darüber erheben sich geometrische, sternförmige Figuren mit venezianischem Mosaik aus Gold und Silber auf rotem Grund, die verbunden sind mit der Raute eines Oktaeders und einer perforierten Kugel, in der die Reflektoren beherbergt werden und die den Bischofsring

Spitzen der Seitenschiffe, des Zentralschiffs und der Apsis.

Zugangstreppe zum Chor und Glockenturm der Glorienfassade.

darstellt. Ein dreieckiger Pyramidenstumpf biegt sich und zeichnet den Bischofsstab, während zwei gekrümmte Quadrate, die sich trennen, die Mütze erkennen lassen und gleichzeitig ein Kreuz zeichnen.
Die Glockentürme, die den theologischen Tugenden geweiht sind, erheben sich aus der Masse der drei großen Portale jeder Fassade.

< *Glockentürme und eucharistische Symbole von Brot und Wein.*

Glockentürme der Passionsfassade.

Innenansicht eines Glockenturms. >

Die Türme haben eine doppelte Spannweite, durch die innen die schraubenförmige Treppe zwischen dem Helldunkel der vertikalen Steinrippen und den geneigten, senkrecht aufstrebenden Flächen aufsteigt. Im Innenraum ist die Anbringung der röhrenförmigen Glocken geplant, die Gaudí studierte, damit ihre Schläge in der ganzen Umgebung ertönen.

Treppe der Apsis.

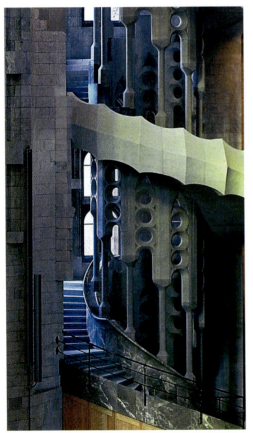

Treppe der Türme der Passionsfassade.

Ausschnitt der schmalen Treppe. *Treppe der Türme der Geburtsfassade.*

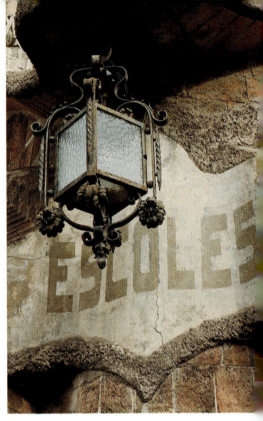

Die Schulen der Sagrada Família. *Ausschnitt.*

Die Schulen

Das allgemeine Programm der Sagrada Família sah vor, dass ein halb unterirdisch liegender Teil der Kirche der Unterbringung berufsbildender Schulen dienen sollte. Gaudí sagte: „Neben der Kirche soll das Volk Bildung und Kultur haben." Die Ereignisse der so genannten „Tragischen Woche" im Juli 1909 führten dazu, dass eine provisorische Pfarrschule gebaut wurde. Gaudí bewies seine große bauliche Fähigkeit mit einer Einfachheit und Komplexität, die überrascht. Schräge und innen vertikale Trennwände stützen Balken, die eine wellenförmige Decke hochhalten, die von konkav zu konvex wechselt, um das Wasser aufzufangen und gleichzeitig größeren strukturellen Widerstand zu leisten. Der für die Kapazität und Fläche der drei Aulen notwendige Raum wird zweigeteilt, sodass die üblichen Längs- und Querbohlen verwendet werden können. Aufrechte Holzgestelle und ein Unterzug in Richtung der größten Länge des Gebäudes unterteilen das Rechteck, das es perimetrisch umgibt, in 20 mal 10 Meter.

Der Besuch, den Le Corbusier den Bauarbeiten abstattete, und die Skizzen, die er dabei anfertigte, helfen beim Weiterbau der Kirche. Der von radikalen Revolutionären im Juli 1936

Das Schulgebäude. Eine Kombination aus Konoiden bildet das Dach und die Fassaden.

verursachte Brand zerstörte die Schulen, die von dem Architekten Quintana mit einigen Änderungen wieder aufgebaut wurden.
Da die Schiffe nicht an der ursprünglich vorgesehenen Stelle errichtet werden konnten, wurden sie um einige Meter verlegt, immer unter Berücksichtigung des Originals; auf diese Weise wird die Technik des katalanischen Gewölbes unter Verwendung von Konoiden am Dach und am umlaufenden Verschluss beibehalten. So wurden alle erhaltenen Original-Elemente, die die Genialität Gaudís zum Ausdruck bringen, neben dem großen Gotteshaus untergebracht.

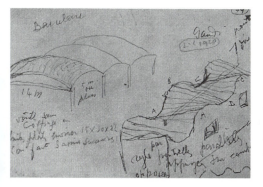

Skizze von Le Corbusier, die er während seines Besuchs in Barcelona anfertigte.

Gipsmodell der inneren Struktur.

Die Struktur

Gaudí machte den ersten Entwurf der Kirche, indem er vom gotischen Typ ausging. Er betonte die Senkrechtstellung der Elemente, so wie es bereits die Skizze des Gesamtwerkes von der Apsis aus zeigt („El Propagador", 1891).

Die intelligente und mutige Entscheidung, die Geburtsfassade zu errichten – mit den Möglichkeiten, die sich durch eine bedeutende Geldspende ergaben – führte zu einer zeitlichen Verzögerung des Gesamtentwurfes der Kirche. Die unsichere Finanzlage des Bauwerkes trug dazu bei, das Gaudí in den letzten 12 Jahren seines Lebens den Weg öffnete, der aus der Kirche den wichtigsten strukturellen Beitrag zur Architekturgeschichte des 20. Jh. machen sollte. Bei der Suche nach den Druckkurven und in der Absicht, diese mit den architektonischen Formen übereinstimmen zu lassen, beschloss er, die Säulen schräg zu stellen, indem er den mechanischen und architektonischen Organismus an jedem Element feststellte. So verzweigte er die Säulen ab einer bestimmten Höhe, um die trägen Gewichte der Gewölbe zu teilen, indem er die aktiv-resistenten Elemente multiplizierte. Das Ergebnis ist eine baumähnliche Struktur, ausgeglichen und leicht, die die großen Baumassen einer gotischen Kathedrale bedeutend reduziert. Außerdem warf Gaudí die Zweckmäßigkeit der Verwendung von Stahlbeton auf, um so den Gebrauch des Gerüst-Bindewerks zu reduzieren, das das Gewicht des Ganzen trägt, bis die entworfene Struktur ins Gleichgewicht gerät.

Andererseits wählte Gaudí die widerstandsfähigsten natürlichen Materialien, um das große Gewicht der anderen geplanten Kuppelgewölbe und der steinernen Dächer tragen zu können. Sie garantierten nicht nur die Feuerresistenz des Baus, sondern tragen durch ihr Gewicht auch dazu bei, Erdbeben aufzufangen.

Heute kann mithilfe von Computern und dank der Arbeit der Architekten Margarit, Buxadé und Gómez Serrano die Durchführbarkeit des Entwurfs von Gaudí nachgeprüft werden.

Modell zur Berechnung der Kapelle der Colonia Güell, die das Team unter Prof. Frey Otto anhand von Fotos angefertigt hat.

Die geometrische Modulation

Verzweigter Abschluss der Säulen.

Gaudí war sich vollkommen klar darüber, dass er die durch seine kreative Kraft erträumte Kirche nicht fertiggebaut sehen würde. Er besaß sehr klare Ideen über die Synthese zwischen Struktur und Form, die er entwarf. Das Wissen über die Kurvenformen, die von der geraden Linie ausgehen, d.h. die geregelten Oberflächen – das hyperbolische Paraboloid, die Schneckenlinie, das Hyperboloid und das Konoid – und ihre plastischen und strukturellen Möglichkeiten gegenüber dem Licht, dem Ton sowie bezüglich ihrer Schönheit, die er in der Natur betrachtet hatte, musste er rauminhaltlich lösen und für die zukünftigen Architekten genau definieren, damit diese sie umsetzen können. In den letzten 12 Jahre seines Lebens, die er ausschließlich der Kirche widmete, studierte und definierte er Gipsmodelle im Maßstab 1:10 und 1:25 als Höhepunkt seines Beitrags zur Architektur.

Bei der Zerstörung von Gaudís Atelier durch die Aufständischen im Juli 1936 wurden alle Pläne verbrannt, aber die Gipsmodelle blieben (wenn auch zerbrochen) erhalten. Durch eine sorgfältige Studie hat man die geometrische Modulation gefunden, mit der Gaudí sein Denken definiert hatte, sodass der von ihm entworfene Komplex weitergeführt werden kann.

Knoten und Kapitelle des Querschiffs.

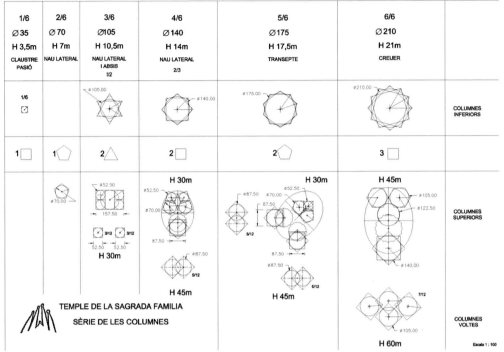

Tabelle, die die Proportionen der einzelnen Säulentypen zeigen.

Es handelt sich um einfache Proportionen, die sich ständig wiederholen, basierend auf den Multiplikationen und Divisionen der Basis zwölf, so wie dies bereits seit dem Mittelalter in Katalonien angewendet wurde. Die Säulenweite von 7,5 m, die zwölfmal wiederholt wird, gleicht einer Länge von 90 m im Innenraum der Kirche und ergibt die folgende Serie:

90	82,5	75	67,5	60	52,5	45	37,5	30	22,5	15	7,5
12	11	10	9	8	7	6	5	4	3	2	1

Dies ist eine der verschiedenen mathematischen Serien, die die Maße der Kirche bilden und die zusammen ein riesiges Netz bilden, das sic geometrisch moduliert. Die Konvergenz zwischen der Struktur und der Form durch die Geometrie führt zu denselben Resultaten, die Gaudí selbst errechnet hatte, aber auch zu denen, die er nicht lösen konnte, die sich aber dank seiner ersonnenen geometrischen Modulation leicht ableiten lassen.

Auf der Grundlage seiner Naturbeobachtungen stellte er detaillierte Gipsmodelle her, die seine „neue Architektur" repräsentierten: eine lebendige Architektur, in der das Leben in Farben und mit Bewegungen dargestellt wird – anhand von geometrischen, mehrfach gekrümmten Formen. Mithilfe von Computerprogrammen ist es heute möglich, die steinernen Oberflächen so zu schneiden, dass nichts vom Projekt Gaudís zerstört wird.

Symbolik

„Die Kirche Sagrada Família ist in ihrer Gesamtheit eine Lobeshymne auf Gott, die die Menschheit anstimmt und von der jeder Stein eine mit klarer, starker und harmonischer Stimme gesungene Strophe ist", schrieb Puig Boada. Für Gaudí stand fest, dass sie die Kirche eines ganzen Volkes sein sollte: ein Gesang auf die Dreifaltigkeit Gottes.

Äußerlich symbolisiert die Sagrada Família die Kirche, Jesus Christus und die Gläubigen, dargestellt durch Maria, die Apostel und die Heiligen. Die 12 Glockentürme stellen die Apostel dar, die ersten Bischöfe der Kirche, die Stimme, die die Gläubigen mahnt, verherrlichte Zeugnisse der empfangenen Offenbarung.

Im Inneren stellen die Säulen, die die Gewölbe und die Decke tragen, auch die Apostel und die örtlichen Kirchen mit ihren Heiligen dar, das heißt die ganze Welt, von der katalanischen Diözese bis zu denen der Kontinente, über das himmlische Jerusalem, die mystische Stadt des Friedens, die uns das Lamm Gottes brachte.

Gaudí sagte von den inneren Schiffen und den Gewölben: „Es wird wie ein Wald sein. Das Licht wird durch die auf unterschiedlicher Höhe angebrachten Fenster in Hülle und Fülle einfallen. Das tägliche Gebet der Kirche wird man an den wichtigsten Texten verfolgen können, die an den Geländern der Chorräume und in den Triforien geschrieben stehen: Te Deum, Miserere, Benedictus und Magnificat." Von den Säulen, die den Kreuzgang und die Apsis umgeben und den Evangelisten gewidmet sind, sind die von Petrus und Paulus herausragend, die den Triumphbogen mit dem Kalvarienberg ver-

Alpha und Omega – Anfang und Ende.

Schildkröten (eine Land- und eine Wasserschildkröte) stützen die Säulen und symbolisieren die Unaufhaltbarkeit der Zeit.

Der Zenturio Longinos an der Passionsfassade.

Magisches Quadrat oder „Kamea" das das Alter Jesu darstellt.

Der Baldachin der Sagrada Família ist ein Siebeneck aus Metall von etwa fünf Zentimetern Durchmesser, von dem Glastrauben, Weinrankenblätter aus Kupfer und Ähren aus weißem, gebeizten Holz hängen, die mit Kupfer befestigt sind; die Seiten sind mit Pergamin gefüttert und den Baldachin bedeckt ein Wandteppich.

Der Hl. Apostel Thomas.

binden, die Jungfrau Maria, der Gekreuzigte und der Hl. Johannes. Die Darstellung der Dreifaltigkeit wird mit dem Ewigen Vater vervollständigt, den man beim Eintreten in die Kirche in der Kuppel der Apsis, mit einem siebenarmigen Leuchter, der den Heiligen Geist darstellt, sehen kann. Die geschriebene Glorienhymne und der schwebende, den Altar schützende Baldachin ziehen die Aufmerksamkeit der Anwesenden auf sich. Im Triforium der Passionsfassade befindet sich die Jungfrau Maria, von Engeln umgeben, mit den Attributen der Litaneien. In dem Triforium der Geburtsfassade werden der Hl. Josef mit den Attributen seiner Arbeit und das Altarkruzifix die Repräsentation der Heiligen Familie vervollständigen.

Die Jungfrau Maria.

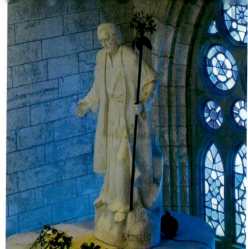

Der Hl. Josef.

Die Plastik

Die Schönheit eines architektonischen Werkes zeichnet sich dadurch aus, dass alle Elemente am richtigen Platz sind und die perfekte Größe, Form und Farbe besitzen.

Die Natur

Die Plastik Gaudís basiert auf dem Studium der Natur und drückt sich in Formen und Farben aus. Wir haben bereits erwähnt, dass Gaudí erläuterte, was er von der Natur gelernt hatte: „Dieser Baum in der Nähe meiner Werkstatt ist mein Lehrmeister". Aus seinen Beobachtungen zog er Schlüsse, die er in Entwürfe umsetze. Die Verwendung der natürlichen Formen von Flora und Fauna ist in seinem gesamten Werk und in vielen Details der Kirche häufig anzutreffen. Aus Studium und Observation der Natur werden geometrische abstrakte Formen abgeleitet, die das Ergebnis der Verbindung von Rauten mit neuen Formen sind, die davor niemand in der Architektur eingesetzt hatte.

Eucharistische Symbole von Brot und Wein.

Schnecken als Wasserspeier.

Sternengebilde.

Balkon mit Symbolen von Jesus, Josef und Maria: die Dornenkrone, der Hobel und der Krug.

Die Form

Die Naturformen sind bereits an den Kapitellen der Krypta und an den Wasserspeiern und Fialen der Apsis zu finden. An der Geburtsfassade sind die menschliche Gestalt, Tiere und Pflanzen präsent, um das Mysterium der Geburt und die Kindheit von Jesu auszudrücken. Ebenso findet man Naturformen in den bildhauerischen Motiven der Fenster, die die Früchte der verschiedenen Jahreszeiten darstellen. Die geometrischen Formen, die von Flächen und einfachen Elementen ausgehen, werden immer komplexer, je mehr sich Gaudí mit dem Studium und der Anwendung der gebogenen Flächen vertraut macht. Zuerst verwendete er Paraboloiden, dann Hyperboloiden, bis er schließlich zu bedeutenden theore-

Ausschnitte der Fassade, die die filigrane und abwechslungsreiche Verzierung zeigen.

tischen und formellen Neuerungen gelangte. Die Säulen, die Fenster und die Gewölbe, die er in seinen letzten Lebensjahren entwarf, sind ebenso wie die Glockentürme, die Kuppelgewölbe und andere Details Gradmesser einer Suche und außerordentlichen Widmung.

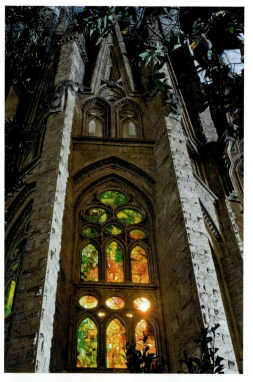

Die Farbe

Die Farbe ist ein weiteres bedeutendes Element in der Architektur Gaudís. In der Kirche bilden die Spitzen der Glockentürme das große daraus hervorgehende Resultat. Ein Entwurf, der diese Gedankenwelt demonstriert, konnte man im Modell im Maßstab 1:25 der Geburtsfassade sehen, das 1910 in Paris gezeigt wurde. Leider wurde dieses Modell 1936 zerstört, aber von ihm ausgehend wandte man einen Teil der Theorien Gaudís in der Kapelle der Colonia Güell und in anderen Werken an.

Gaudí wollte venezianische Mosaike verwenden. So konnte er die Farbe, die ein Zeichen des Lebens ist, dauerhaft machen und nicht vergänglich wie das Keramikmosaik.

Für die Realisierung von Gaudís Ideen war die Hilfe eines Künstlers notwendig, der die Möglichkeiten der Fenster kennt und umzusetzen weiß.

Joan Vila Grau war einer von ihnen; er hat einen großen Teil der Apsisfenster und die beiden Querschiffe gestaltet und wird weiterhin an den Kirchenschiffen arbeiten. Auch der Bildhauer Sotoo hat mithilfe der Originalmodelle Gaudís Figuren der Geburtsfassade und die Spitzen der Seitenfassaden mit Früchten und eucharistischen Symbolen von Brot und Wein gestaltet.

Fenster, Lichter, Monstranzen und andere Beispiele für das Spiel mit Licht und Farbe.

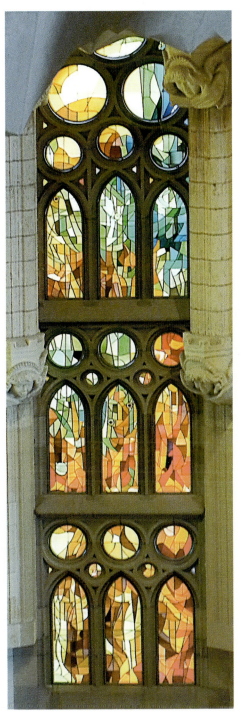

Akustik und Beleuchtung

Gaudí hatte die akustischen Probleme studiert und Versuche mit den röhrenförmigen Glocken gemacht, die er zusammen mit den Orgeln, die das Kirchenschiff mit musikalischen Tönen füllen sollten, in den verlängerten Hohlräumen der Glockentürme anbrachte. Chorräume umgeben beide Seiten des Schiffes und die Stirnseite der Glorienfassade sowie den Chorumgang der Apsis für den Kinderchor, mit einer Gesamtkapazität von 1500 Sängern. Er stellte sich die Priester rund um den Altar und das an den Feierlichkeiten teilnehmende Volk vor und kam damit – wie auch in vielerlei anderer Hinsicht – mit seinen liturgischen Entscheidungen dem II. Vatikanischen Konzil zuvor.

Das harmonisch durch die großen Kirchenfenster einfallende Licht, verbreitet durch die neuen geometrischen Flächen, vermeidet übermäßig starke Kontraste und ermöglicht eine bessere Sicht auf die dekorierten Flächen. Scheinwerfer in den Hyperboloid-Mündungen der Gewölbe spenden diffuses nächtliches Licht und unterstützen die verbleiten Glasfenster, die nach dem neuen, in der Kathedrale von Mallorca angewendeten Verfahren mit der höchsten vielfarbigen Helligkeit der Gläser ohne Malerei und ohne Emailarbeiten ausgeführt werden. „Die Kirche wird sehr hell sein und schöne Dämpfungen des Lichts haben, wobei sich das von den Kuppelgewölben herabfallende Licht mit dem der Glasfenster vermischt. Alles wird die innere Vielfarbigkeit erleuchten", erklärte Gaudí.

Das Tetramorph füllt das Querschiff mit Licht.

Das Innere der Basilika ist in harmonisches, sanftes Licht getaucht. >

Die Orgel, vom Fensterlicht angestrahlt.

Beichtstuhl.

Bewegliche Kanzel.

Weihwasserbecken.

Liturgische Gegenstände

Gaudí entwarf für den Gottesdienst in der Krypta der Kirche Altäre, Gegenstände und Möbel, wobei er uns durch die Würde und Qualität jedes einzelnen Objekts liturgisch belehrte: die Bänke, die Schränke der Sakristei, die Kanzel und die Beichtstühle, die Kandelaber und die Seitentischchen für die Messgeräte, die Sitze für den die Messe lesenden Priester, die Lampen und die Lampadarien. Herausragend sind der Teneberleuchter und das Pult, aber auch der Armleuchter für die Osterkerze.

Der Baldachin der Kathedrale von Mallorca ist ein ganz besonderes Element, das der Architekt nicht ganz zu Ende führen konnte. Für der Sagrada Família hinterließ er eine Beschreibung, an die man sich zu halten versucht. Vom Altar waren nur die Maße und die Lage bekannt. Ein ursprünglich für die Säulentrommeln des Querschiffs bestimmter Porphyrblock, an dem die rauen Schnittstellen glattpoliert wurden, diente schließlich als Altar.

Diese Lösung erinnert an die Basaltsäulen, die Gaudí so belassen wollte, wie sie aus dem Stein der Krypta der Colonia Güell geschnitten worden waren. Die Gestaltung der Bänke der

Ornamentenschrank.

Zeremonienstuhl.

Krypta wurde größtenteils beibehalten, das Gestühl des Presbyteriums wurde allerdings simplifiziert. Die Orgel mit ihren fast 30 Registern und ca. 2000 Orgelpfeifen wird bis zum Abschluss der Bauarbeiten ein Begleitinstrument bleiben, das sich zwischen den beiden Achsenseiten des Chorumgangs befindet, bis in der Zukunft eine neue Orgel in 30 Metern Höhe – dort, wo Gaudí sie sich vorstellte – angebracht werden kann. Dann fehlen nur noch kleine Details wie Symbole und Widmungen, mit denen nach dem Willen des Meisters die Katechese bereichert werden soll, um damit seine Botschaft den Gläubigen zu übermitteln.

Kerzenleuchter.

Heutiger Zustand und Zukunft

Nachdem 4500 m² Fläche der Kirche gebaut sind – Geburts- und Passionsfassade sind fast fertig und bald wird die Sakristei der Westseite, in der die Gemeindeverwaltung untergebracht wird, begonnen – wird das nächste größere Projekt die Konstruktion des Zentralteils des Querschiffs und die Erweiterung des Museums und sein Zugang auf der Höhe der Straße Mallorca sein.

Bald wird die Frontseite der Passionsfassade mit den Patriarchen und Propheten und dem leeren Grab, das die Auferstehung symbolisiert, zu sehen sein. Mit Aufzügen wird man auf die Höhe des Querhaus-Gewölbes gelangen können und das Baptisterium wird hochgezogen, um den höchsten Punkt der Kirche mit dem Kreuz zu vervollständigen; wenn alles plangemäß läuft, wird dies und die Fertigstellung der Türme der Glorienfassade im ersten Viertel dieses Jahrhunderts geschehen.

Es müssen aber noch etliche Probleme gelöst werden, für die man noch keine Vorschläge hat: Vorfälle, die vor einem Jahrzehnt die Arbeiten unterbrachen, so z.B. der Bau eines Eisenbahntunnels oder die Umgebung der Kirche.

Die Gläubigen und Freunde der Sagrada Família sind die Stütze, die die Idee stetig vorantreiben; so schreiten die Bauarbeiten dank täglich eintreffender großer und kleiner Spenden verschiedener Art gut voran.

Luftansicht des Bauzustands (2010).

Eine andere Ansicht der Arbeiten.

Dazu kommt die selbstlose Hingabe vieler, die am Bau arbeiten: Fachleute, Maurer, Bildhauer, Steinmetze, Mechaniker, Tischler, etc.
Die Verwaltung ist sparsam und daher basiert der Rhythmus der Bauarbeiten auf den Einnahmen aus den unterschiedlichsten Quellen, vor allem aber von den Millionen Besuchern, über die Gaudí sagte: „Es werden Menschen von überall kommen, um zu sehen, was wir schaffen."
Im technischen Bereich bedient man sich fortschrittlichster Technologie: Computerprogramme zur Berechnung der Struktur und Bearbeitung des Steins, daneben Qualitätskontrollen der Steine und des Betons und ein Maschinenpark und eine neue Technologie im Dienste von Sicherheit und Verbesserung des Baurhythmus.

Vor über zehn Jahren wurde ein Kran angebracht, mit dem man die 140 m des Bauwerks erreicht und heute wird in dieser Höhe gearbeitet, wobei ungewiss ist, über welche Techniken man in der Zukunft verfügen wird.
Viele fragen: Wann wird sie fertig sein? Die Antwort ist schwierig, weil sie von den Spenden abhängt, die eingenommen werden. Aber es gibt eine kurz- und mittelfristige Programmierung, die dabei ist, die Vorgaben des Patronats der Stiftung auszuführen. Gaudí brauchte

Palmsonntag vor der Sagrada Família. >

40 bis 50 Jahre, um eine Fassade mit der Krypta und den Wänden der Apsis zu errichten. Danach folgte das Trauma des Bürgerkriegs, der die Bauarbeiten fast 20 Jahre lang unterbrach. Die Generation, die ihn kannte – seine Schüler – brauchte weitere 20 Jahre zum Bau der Passionsfassade. Bereits vor vielen Jahren wurde geschätzt, dass die Gewölbe zu Beginn des 21. Jahrhunderts in Angriff genommen werden würden.

Der Bau der Kirche finanziert sich hauptsächlich aus den Eintrittsgeldern der zahlreichen Besucher, die das Bauwerk sehen wollen und an seinem Weiterbau interessiert sind.

Liebhaber der Kirche

Joan Maragall.

Der Präsident Prat de la Riba und der Bischof Reig folgen den Erklärungen über Gaudí.

„Die Kirche Sagrada Família wird vom Volk gebaut und sie ist ihm in ihrer Wesensart ähnlich. Bei der Sagrada Família ist alles von der göttlichen Vorsehung bestimmt", sagte Gaudí oft. Und er fügte hinzu: „Diese wird die Kirche des heutigen Katalonien sein." Der Dichter Joan Maragall, ein enger Freund Gaudís, war der erste, der sich der Bedeutung des Werkes des Meisters bewusst wurde und er war sein erster Verbreiter in der Presse.

Durch eine Reihe von Umständen wurde die Kirche fast vernichtet. Die Pfarrschulen wurden zerstört, die gesamte Werkstatt von Gaudí verschwand, nicht jedoch der Geist. Mit dem hundertjährigen Jahrestag der Geburt Gaudís (1952) lebte das Interesse wieder auf. Bis dahin wusste kein einziges Buch der Kunstgeschichte, kein bekannter Historiker, wer er war. Mit der Polemik um die Frage, ob die Bauarbeiten an der Kirche fortgeführt werden sollten oder nicht, begann nach Jahren der Ruhe, die den Meister während seiner letzten Lebensjahre begleitet hatte, erneut die Dialektik.

Aber das Volk blieb weiterhin treu. Und es kamen Almosen und Spenden. Die einmal jährlich an einem Sonntag angekündigte Geldsammlung brachte jedes Mal mehr Gelder ein. „Es handelt sich um ein Bauwerk, das in den Händen Gottes und im Willen des Volkes ist", wiederholte Gaudí. Die Katalanen haben großzügig reagiert und sind von der immer weiter wachsenden Kirche, von „ihrer Kirche", bezaubert. Ihr Bild bildet eine Einheit mit der Stadt Barcelona.

Der Kardinal-Erzbischof von Barcelona Narcís Jubany entschloss sich, den Bau der Schiffe in Angriff zu nehmen, weil die stetige Gabe von Spenden – überwiegend kleine Mengen,

Narcis Jubany.

Johannes Paul II.

zuweilen aber auch größere Summen – den Wunsch des Volkes ausdrückte. Die Unesco erklärte kurz nach dem 150. Jahrestag der Geburt Gaudís seine Arbeiten als Weltkulturerbe. Wenige Monate nach dem Tod Gaudís kam der junge japanischer Architekt Kenji Imai nach Barcelona. Er lernte den Meister nicht mehr persönlich kennen, war aber so beeindruckt von seinem Werk, dass er es in seinem Land bekannt machte. Inspiriert von Gaudís Arbeiten baute er die Sankt-Philip-Kirche von Nagasaki. Seitdem kommen die Japaner nach Katalonien, um die Werke Gaudís zu besichtigen, denn sie wissen, dass er einer der großen Meister der modernen Architektur ist. Der deutsche Architekt Gropius besichtigte in

Der Architekt Kenji Imai und sein Werk, zu dem ihn die Arbeiten Gaudís inspirierten.

Walter Gropius.

Le Corbusier.

den 50er Jahren die Kapelle der Colonia Güell. Mehr als eine Stunde verharrte er still, vertieft in die Betrachtung jenes Wunderwerks. Le Corbusier reproduzierte 1927 nach seinem ersten Besuch in Barcelona die Schulen der Kirche in seinen Skizzen. Später schrieb er über Gaudí: „Er ist der große Baumeister dieses Jahrhunderts." 1961 wurden die Werte Gaudís, die man im Jahr 1910 noch nicht verstanden hatte, mit der Pariser Ausstellung „Die Ursprünge des 20. Jahrhunderts" anerkannt. In Italien, in England, in Holland, in Deutschland oder in Neuseeland so wie in der ganzen Welt wird die Originalität Gaudís als höchster Maßstab der Kunst aller Zeiten angesehen. Seine Heiligkeit Johannes Paul II. besichtigte während seines Aufenthalts in Barcelona die Sagrada Família, die auch als obligatorischer Besuch für alle großen Persönlichkeiten der Politik, Kunst und Wissenschaft gilt. Eine im Bau befindliche Kirche zu besichtigen ist eben ein ungewöhnliches Erlebnis.

Am 7. November 2010 segnete der Heilige Vater die Kirche als permanente Kultstätte. Warum zog dieses Ereignis so viele Besucher an? Weil zur zeitgenössischen Kunst jetzt auch ein christliches Gebetshaus gehört, das seinen Ausdruck in einer außergewöhnlichen Architektur findet. Benedikt XVI. sprach während der Zeremonie über die Union von Kunst und Glauben. Die Antwort fällt schwer, aber fest steht, dass der Bau dieses Gotteshauses, das der Familie von Nazareth, Jesus, Maria und Josef, gewidmet ist, das Zusammenwirken von Glauben und Hoffnung darstellt. Dieses Miteinander gründet auf Liebe, die durch das Gebet zu Gott dem Schöpfer ein Zeichen der Brüderlichkeit aller Menschen ist.

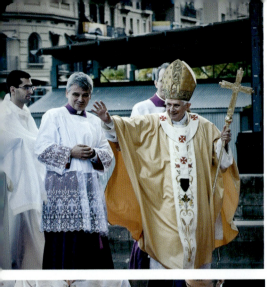

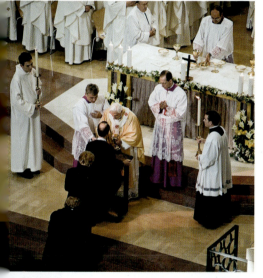

Besuch des Papstes Benedikt XVI.
und Weihung der Sagrada Família.

CHRONOLOGIE DER BASILIKA SAGRADA FAMÍLIA

1876	Josep M. Bocabella gründet die „Associacio de Devots de Sant Josep" (Vereinigung der Anbeter des Hl. Josef), die zum Gönner des Gotteshauses wird.
1882	Grundsteinlegung. Projekt des Architekten Villar.
1883	**Antoni Gaudí wird zum Architekten der Kirche ernannt.**
1889	Die Krypta wird fertiggestellt.
1890	Zeichnung des ersten Modells.
1892	Beginn der Geburtsfassade.
1894	Die Apsisfassade wird beendet.
1899	Das Rosenkranzportal am Kreuzgang wird fertiggestellt.
1909	**Bau der Pfarrschule.**
1910	Ausstellung in Paris des Modells der Geburtsfassade.
1917	Projektion der Passionsfassade mit dem Monument zu Ehren des Bischofs Torres i Bages.
1923	Fertigung von Gipsmodellen der Schiffe und Dächer im Maßstab 1:10 und 1:25.
1925	30. November. Beendigung des ersten Glockenturms Sant Bernabé (100 m Höhe).
1926	**Antoni Gaudí stirbt am 10. Juni bei einem Unfall.**
1930	Die vier Türme der Geburtsfassade werden beendet.
1936	**Bürgerkrieg. Plünderung und Zerstörung des Tempels. Verwüstung von Gaudís Atelier.**
1940	Restauration der Krypta und der Gipsmodelle.
1954	Beginn der Passionsfassade.
1977	**Die vier Türme der Passionsfassade werden fertiggestellt.**
1978	Beginn der Fassaden der Schiffe.
1986-90	Fundamente der Schiffe. Erste Skulpturen der Passionsfassade.
1995	Bau der Gewölbe der Seitenschiffe.
1997-98	Bau des Mittelschiffs.
2000	Beginn der Gewölbe des Querschiffs, des Kreuzgangs und Fundamente der Glorienfassade.
2002	Umzug und Restauration des Schulgebäudes.
2005	Beginn der Evangelistentürme und des Kreuzganggewölbes. Säulen der Apsis bis auf 30 m Höhe.
2005	Der Chor der Glorienfassade wird begonnen.
2010	**Weihung des Gotteshauses.**